AF216190

Impressum
Verlag: BABADADA GmbH, Nedderfeld 112 , 22529 Hamburg
Geschäftsführer / Verlagsleitung: Harald Hof
Druck: Books on Demand GmbH, In de Tarpen 42, 22848 Norderstedt

Imprint
Publisher: BABADADA GmbH, Nedderfeld 112 , 22529 Hamburg, Germany
Managing Director / Publishing direction: Harald Hof
Print: Books on Demand GmbH, In de Tarpen 42, 22848 Norderstedt, Germany

школа

škola

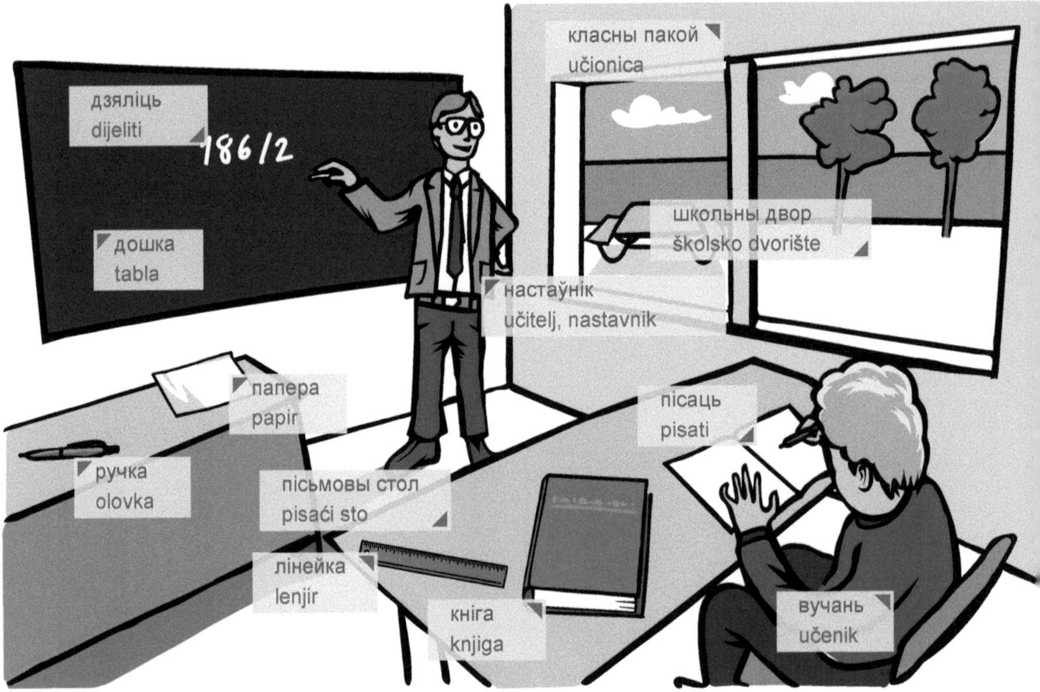
класны пакой
učionica
дзяліць
dijeliti
186/2
дошка
tabla
школьны двор
školsko dvorište
настаўнік
učitelj, nastavnik
папера
papir
пісаць
pisati
ручка
olovka
пісьмовы стол
pisaći sto
лінейка
lenjir
кніга
knjiga
вучань
učenik

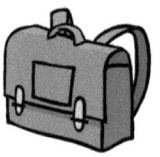

ранец

torba

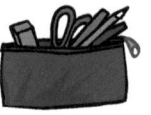

пенал

pernica

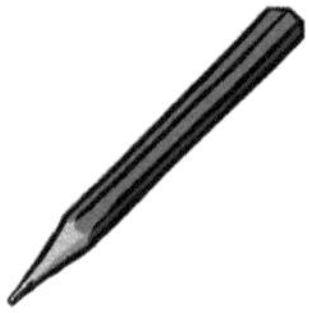

просты аловак

drvena olovka

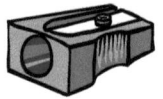

тачылка для алоўкаў

šiljalo za olovke

гумка

gumica

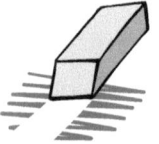

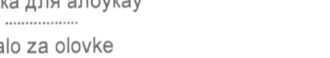

альбом для малявання

blok za crtanje

малюнак
crtež

пэндзлік
kist

фарбы
kutija s bojama

нажніцы
makaze

клей
ljepilo

сшытак
vježbanka

хатняе заданне
domaća zadaća

лік
broj

2+2

дадаваць
sabirati

адымаць
oduzimati

2×2

множыць
množiti

лічыць
računati

A

літара
slovo

ABCDEFG
HIJKLMN
OPQRSTU
VWXYZ

алфавіт
abeceda

слова
riječ

тэкст
tekst

чытаць
čitati

крэйда
kreda

ўрок
sat

класны журнал
školski dnevnik

экзамен
ispit

атэстат
svjedočanstvo

школьная форма
školska uniforma

адукацыя
izobrazba

энцыклапедыя
leksikon

універсітэт
univerzitet

мікраскоп
mikroskop

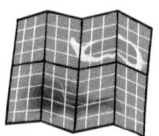

карта
karta

смеццевы кошык
korpa za papir

падарожжа

putovanje

гатэль
hotel
Grand
хостэл
hostel
ROOMS
EXCHANGE
абменны пункт
mjenjačnica
чамадан
kofer
аўтамабіль
auto

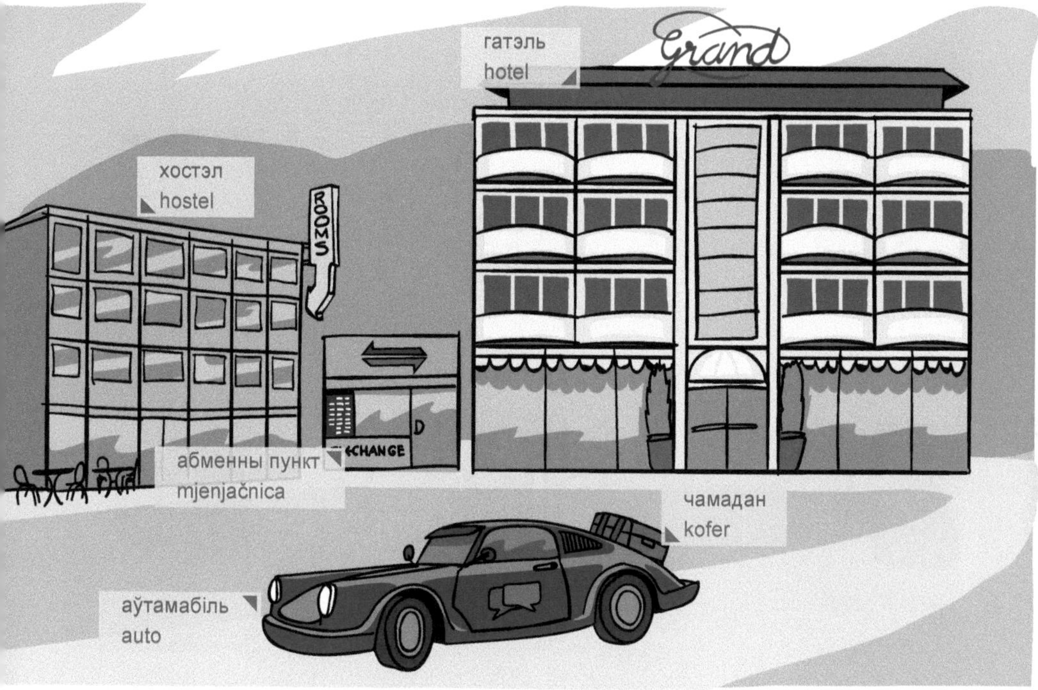

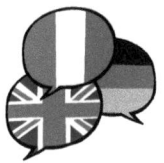

мова

jezik

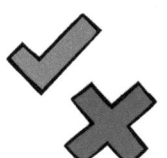

так / не

da / ne

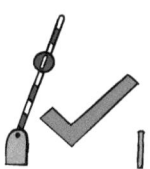

добра

okej

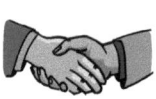

прывітанне!

zdravo

перекладчык

tumač

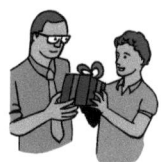

дзякуй

hvala

Колькі каштуе....?

Koliko košta...?

я не разумею

Ne razumijem

праблема

problem

Добры вечар!

dobro veče!

Добрай раніцы!

Dobro jutro!

Дабранач!

Laku noć!

да пабачэння

doviđenja

кірунак

smjer

багаж

prtljag

сумка

torba

заплечнік

ruksak

госць

gost

пакой

soba

спальны мяшок

vreća za spavanje

палатка

šator

інфармацыя для турыстаў

turističke informacije

пляж

plaža

крэдытная картка

kreditna kartica

снеданне

doručak

абед

ručak

вячэра

večera

праязны білет

putna karta

ліфт

lift

паштовая марка

poštanska markica

мяжа

granica

мытня

carina

пасольства

ambasada

віза

viza

пашпарт

pasoš

транспарт
transport

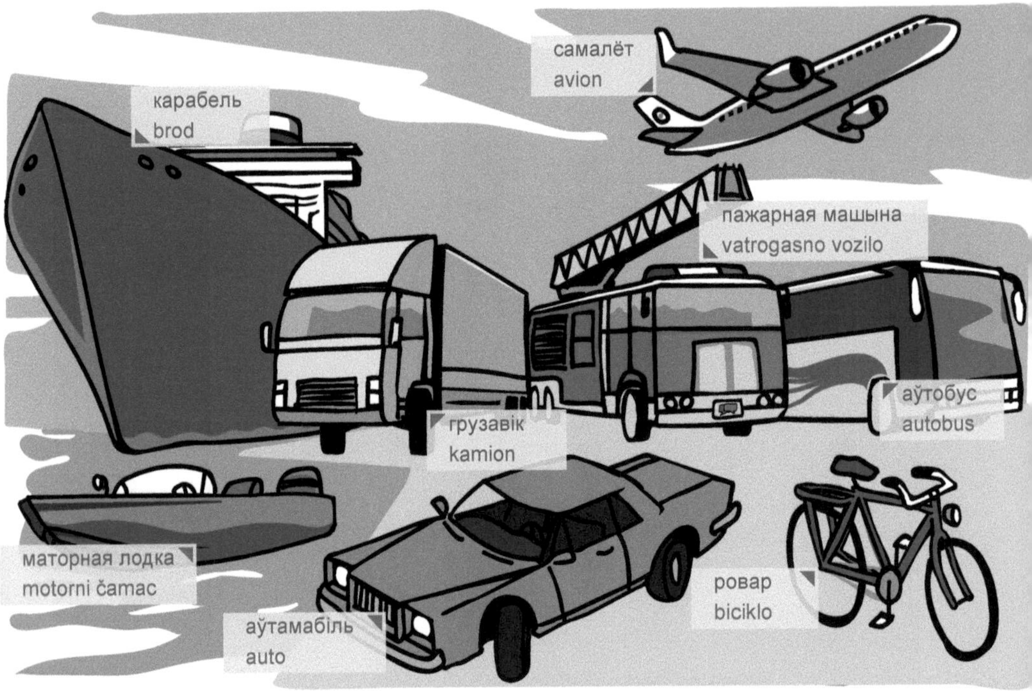

самалёт
avion
карабель
brod
пажарная машына
vatrogasno vozilo
аўтобус
autobus
грузавік
kamion
маторная лодка
motorni čamac
ровар
biciklo
аўтамабіль
auto

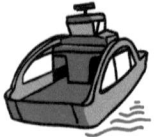

паром

trajekt

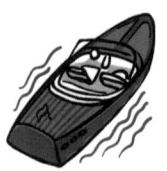

лодка

brod

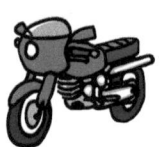

матацыкл

motocikl

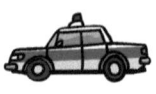

паліцэйская машына

policijski automobil

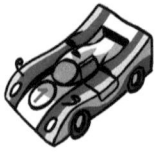

гоначны аўтамабіль

trkaći automobil

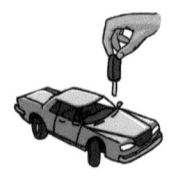

арэндаваны аўтамабіль

unajmljeni automobil

сумеснае карыстанне
аўтамабілем
....
kar-šering

эвакуатар
....
pauk

смеццявоз
....
smećarsko vozilo

матор
....
motor

паліва
....
gorivo

запраўка
....
benzinska pumpa

дарожны знак
....
saobraćajni znak

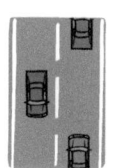

дарожны рух
....
saobraćaj

затор
....
zastoj

паркоўка
....
parking

чыгуначная станцыя
....
željeznička stanica

рэйкі
....
šine

цягнік
....
voz

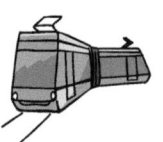

трамвай
....
tramvaj

вагон
....
vagon

верталёт

helikopter

аэрапорт

aerodrom

вежа

toranj

пасажыр

putnik

кантэйнер

kontejner

кардонная скрыня

karton

тачка

tačke

карзіна

korpa

ўзлятаць / прызямляцца

poletjeti / sletjeti

горад

grad

вёска

selo

цэнтр горада

centar grada

дом

kuća

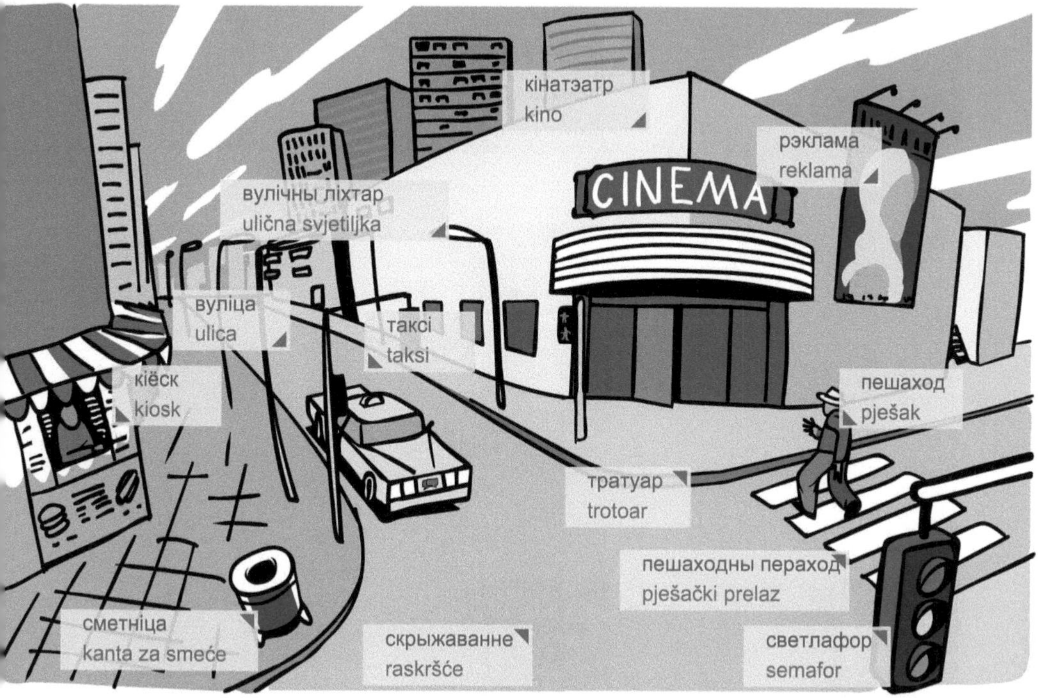

кінатэатр
kino

рэклама
reklama

вулічны ліхтар
ulična svjetiljka

CINEMA

вуліца
ulica

таксі
taksi

пешаход
pješak

кіёск
kiosk

тратуар
trotoar

пешаходны пераход
pješački prelaz

сметніца
kanta za smeće

скрыжаванне
raskršće

светлафор
semafor

халупа

koliba

кватэра

stan

чыгуначная станцыя

željeznička stanica

ратуша

vjećnica

музей

muzej

школа

škola

універсітэт

univerzitet

банк

banka

шпіталь

bolnica

гатэль

hotel

аптэка

apoteka

офіс

ured

кнігарня

knjižara

крама

radnja

кветкавая крама

cvjećara

супермаркет

supermarket

кірмаш

pijaca

універмаг

robna kuća

рыбная крама

prodavač ribe

гандлевы цэнтр

trgovački centar

порт

luka

парк
park

лава
klupa

мост
most

лесвіца
stepenice

метро
podzemna željeznica

тунэль
tunel

прыпынак
autobuska stanica

бар
bar

рэстаран
restoran

паштовая скрыня
poštanski sandučić

вулічны паказальнік
saobraćajni znak

паркамат
sat za naplatu parkinga

заапарк
zoološki vrt

басейн
bazen

мячэць
džamija

сядзіба

seosko imanje

забруджванне
навакольнага асяроддзя

zagađenje okoline

могілкі

groblje

царква

crkva

пляцоўка для гульні

igralište

храм

hram

краявід

krajolik

ліст
list

паказальнік
putokaz

дарога
putokaz

луг
livada

камень
kamen

дрэва
drvo

падарожнік
putnik

рака
rijeka

трава
trava

кветка
cvijet

даліна
dolina

гара
brdo

возера
jezero

лес
šuma

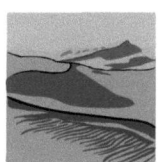

пустыня
pustinja

вулкан
vulkan

замак
dvorac

вясёлка
duga

грыб
gljiva

пальма
palma

камар
komarac

муха
muha

мурашка
mrav

пчала
pčela

павук
pauk

жук

buba

жаба

žaba

вавёрка

vjeverica

вожык

jež

заяц

zec

сава

sova

птушка

ptica

лебедзь

labud

дзік

divlja svinja

алень

jelen

лось

los

плаціна

brana

вятрак

vjetrenjača

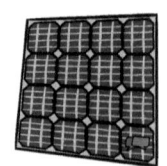

сонечная батарэя

solarni modul

клімат

klima

афіцыянт
konobar

меню
jelovnik

крэсла
stolica

піца
pica

суп
supa

абрус
stolnjak

сталовыя прыборы
pribor za jelo

закуска
predjelo

другая страва
glavno jelo

дэсерт
desert

напоі
piće

ежа
jelo

бутэлька
flaša

хуткае харчаванне (фаст-фуд)

brza hrana

стрыт-фуд

jelo sa ulice

імбрык (чайнік)

čajnik

цукарніца

šećernica

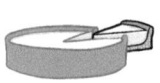

порцыя

porcija

эспрэса-машына

mašina za espreso

дзіцячае крэселка

barska stolica

рахунак

račun

паднос

tacna

нож

nož

відэлец

viljuška

лыжка

kašika

чайная лыжка

kašičica

сурвэтка

salveta

шклянка

čaša

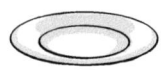

талерка

tanjir

супавая талерка

tanjir za supu

сподак

tanjurić

соус

sos

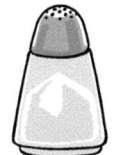

сальніца

solanik

млынок для перцу

mlin za biber

воцат

sirće

алей

ulje

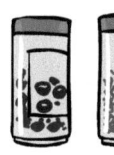

спецыі

začini

кетчуп

kečap

гарчыца

senf

маянэз

majoneza

супермаркет
supermarket

акцыя
ponuda
FOR
пакупнік
klijent
малочныя прадукты
mliječni proizvodi
садавіна
voće
вазок
kolica za kupovinu

BUTCHERS

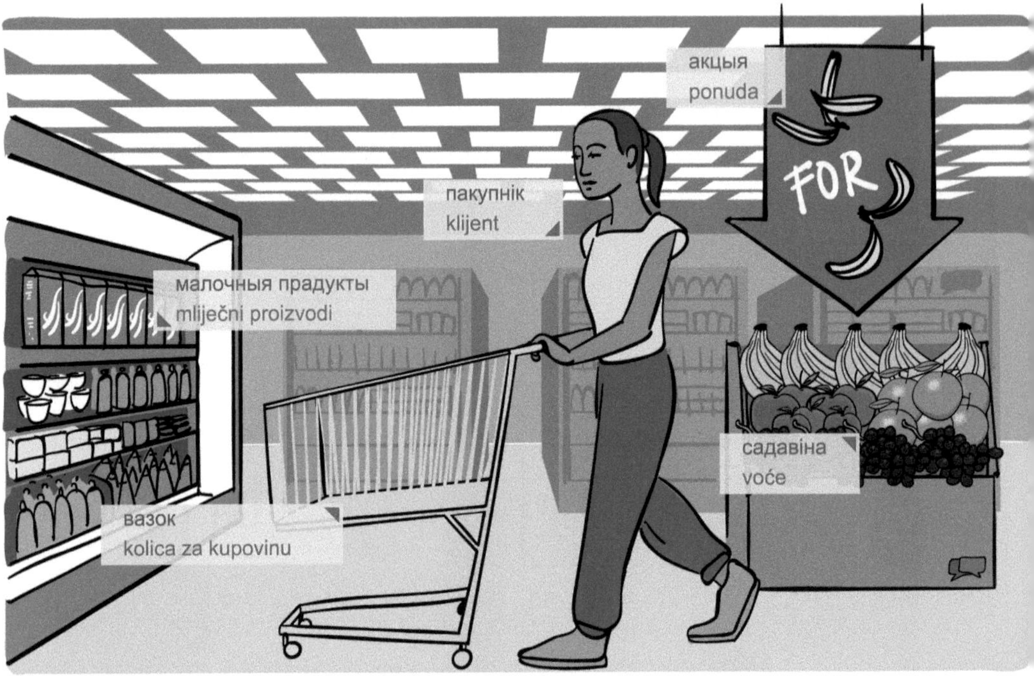

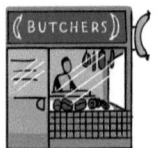

мясная крама

mesnica- klaonica

BAKERY

хлебны магазін

pekara

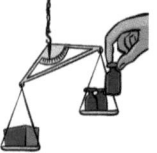

важыць

vagati

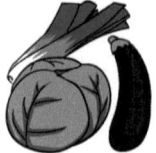

гародніна

povrće

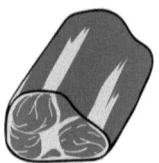

мяса

meso

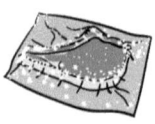

свежазамарожаныя прадукты

zaleđena hrana

нарэзка

narezak

кансервы

konzerve

пральны парашок

prašak za veš

прысмакі

slatkiši

хатнія прылады

kućanski proizvodi

чысцячы сродак

sredstvo za čišćenje

прадавец

prodavačica

каса

kasa

касір

blagajnik

спіс пакупак

lista za kupovinu

гадзіны працы

radno vrijeme

бумажнік

novčanik

крэдытная картка

kreditna kartica

сумка

torba

пакет

najlonska vrećica

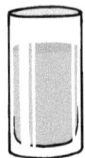

вада

voda

сок

sok

малако

mlijeko

кола

kola

віно

vino

піва

pivo

алкаголь

alkohol

какава

kakao

гарбата (чай)

čaj

кава

kafa

эспрэса

espreso

капучына

kapućino

банан

banana

яблык

jabuka

апельсін

narandža

дыня

lubenica

лімон

limun

морква

mrkva

часнок

bijeli luk

бамбук

bambus

цыбуля

crveni luk

грыб

gljiva

арэхі

orašasti plodovi

локшына

pasta

спагеці

špagete

рыс

riža

салата

salata

бульба фры

pomfrit

смажаная бульба

pečeni krompir

піца

pica

гамбургер

hamburger

бутэрброд

sendvič

шніцаль

šnicla

вяндліна

šunka

салямі

kobasica

каўбаса

kobasica

курыца

kokoš

смажаніна

pečenje

рыбак

riba

аўсяныя камякі

zobene pahuljice

мюслі

muzli

кукурузныя шматкі

kornfleks

мука

brašno

круасан

kroason

булачка

zemičke

хлеб

kruh

тост

tost

пячэнне

keksi

масла

maslac

тварог

svježi sir

пірог

kolač

яйка

jaje

яечня

jaje na oko

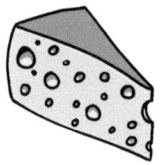

сыр

sir

марожанае

sladoled

цукар

šećer

мёд

med

варэнне

marmelada

нуга

nugat krema

кары

kuri

хата
seoska kuća

цюк саломы
bale sjena

хлеў
sjenik

поле
polje

конь
konj

прычэп
prikolica

жарабя
ždrijebe

трактар
traktor

асёл
magarac

ягня
jagnje

авечка
ovca

каза
koza

карова
krava

цяля
tele

свіння
svinja

парася
prase

бык
bik

гусак

guska

качка

patka

кураня

pile

курыца

kokoška

певень

pjetao

пацук

pacov

кот

mačka

мыш

miš

вол

vol

сабака

pas

сабачая будка

pseća kućica

садовы шланг

crijevo za baštu

палівачка

kanta za zalijevanje

каса

kosa

плуг

plug

серп

srp

матыка

motika

вілы для гною

vile

сякера

sjekira

тачка

tačke

карыта

korito

бітон для малака

bokal za mlijeko

мех

vreća

плот

ograda

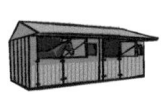

хлеў

štala

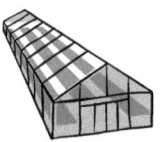

цяпліца

staklenik

глеба

tlo

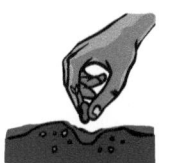

насенне

sjeme

угнаенне

đubrivo

камбайн

kombajn

збіраць ураджай

kositi

ураджай

žetva

ямс

jam korijen

пшаніца

pšenica

соя

soja

бульба

krompir

кукуруза

kukuruz

рапс

uljana repica

садовае дрэва

drvo voća

маніёк

manioka

збожжа

žito

дом

kuća

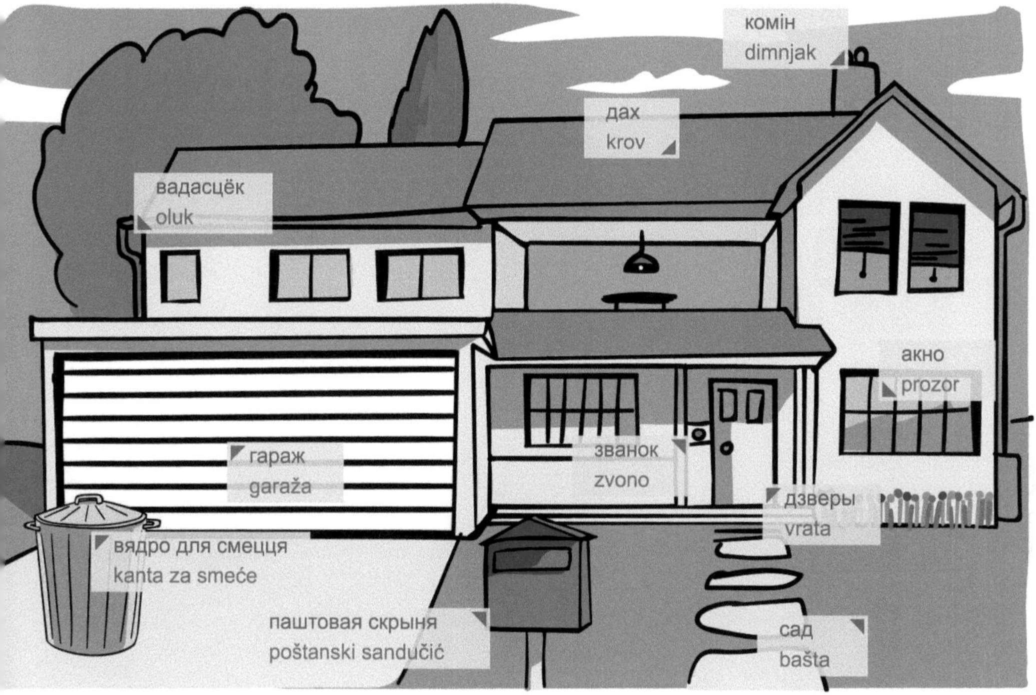
комін
dimnjak
дах
krov
вадасцёк
oluk
акно
prozor
гараж
garaža
званок
zvono
дзверы
vrata
вядро для смецця
kanta za smeće
паштовая скрыня
poštanski sandučić
сад
bašta

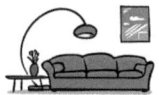

жылы пакой
dnevni boravak

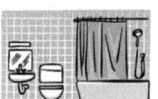

ванная
kupatilo

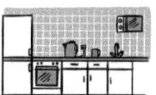

кухня
kuhinja

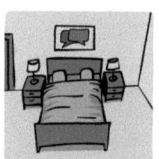

спальны пакой
spavaća soba

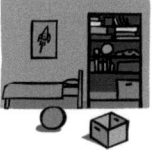

дзіцячы пакой
dječija soba

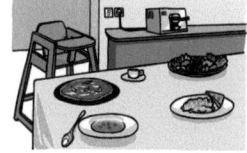

сталоўка
trpezarija

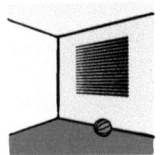

падлога

pod, tlo

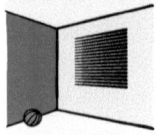

сцяна

zid

столь

plafon

падвал

podrum

саўна

sauna

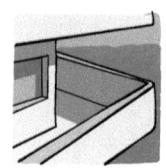

балкон

balkon

тэраса

terasa

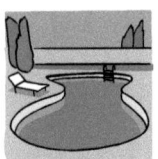

басейн

bazen

касілка

kosilica

падкоўдранік

posteljina

коўдра

pokrivač

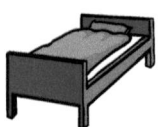

ложак

krevet

венік

metla

вядро

kanta

выключальнік

prekidač

жылы пакой
dnevni boravak

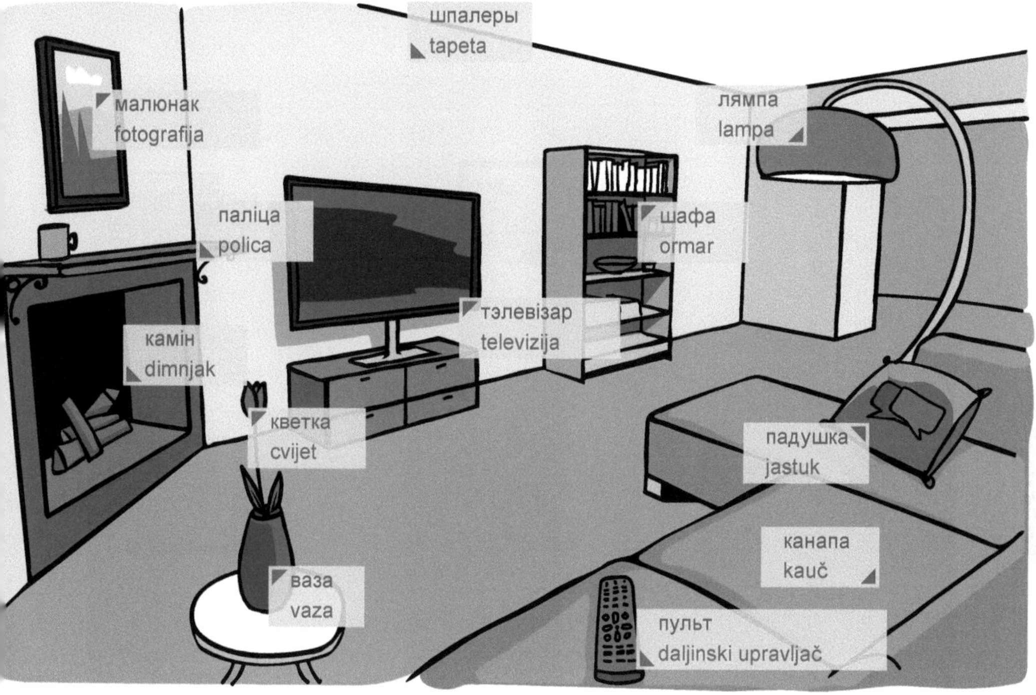
шпалеры
tapeta
малюнак
fotografija
лямпа
lampa
паліца
polica
шафа
ormar
тэлевізар
televizija
камін
dimnjak
кветка
cvijet
падушка
jastuk
канапа
kauč
ваза
vaza
пульт
daljinski upravljač

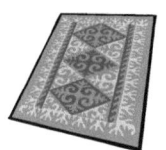

дыван
tepih

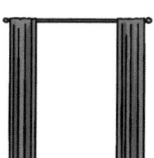

фіранка
zavjesa

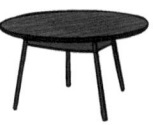

стол
stol

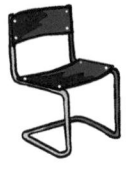

крэсла
stolica

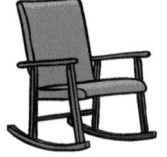

крэсла-качалка
stolica za ljuljanje

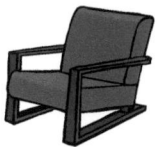

крэсла
fotelja

кніга

knjiga

коўдра

deka

дэкарацыя

dekoracija

дровы

ložno drvo

кіно

film

стэрэасістэма

stereo uređaj

ключ

ključ

газета

novine

карціна

umjetnička slika

постар

poster

радыё

radio

нататнік

blok za bilješke

пыласос

usisavač

кактус

kaktus

свечка

svijeća

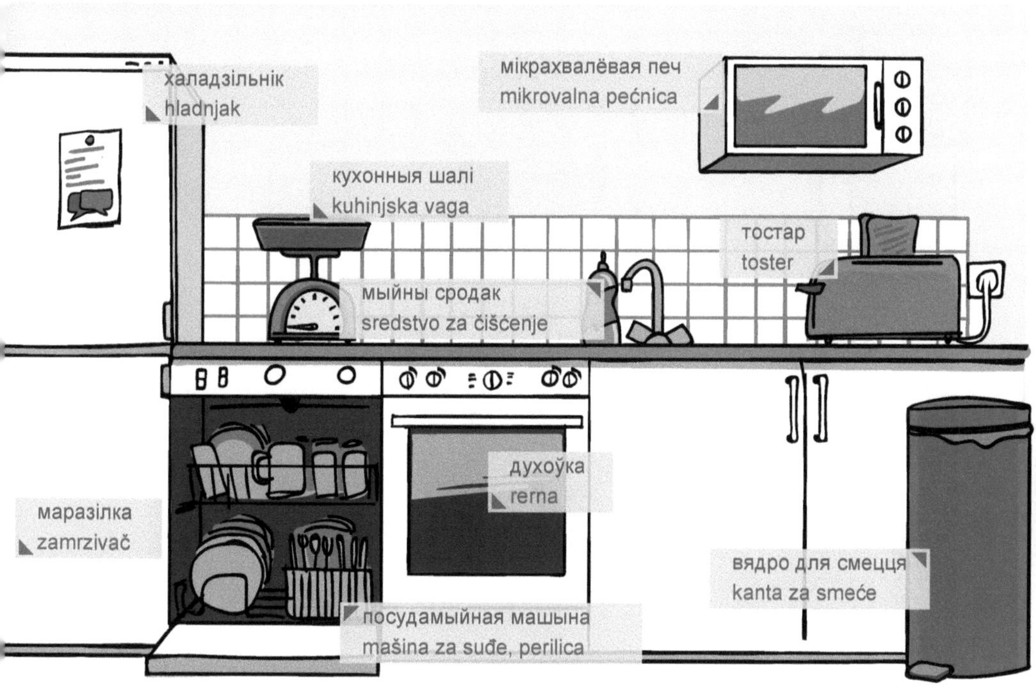

халадзільнік
hladnjak

мікрахвалёвая печ
mikrovalna pećnica

кухонныя шалі
kuhinjska vaga

мыйны сродак
sredstvo za čišćenje

тостар
toster

духоўка
rerna

маразілка
zamrzivač

вядро для смецця
kanta za smeće

посудамыйная машына
mašina za suđe, perilica

пліта
peć

рондаль
lonac

чыгунок
metalni lonac

Вок / кадаі
vok / kadai

патэльня
tava, tiganj

чайнік
kuhalo

параварка

aparat za kuhanje na pari

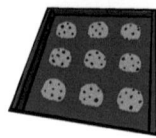

бляха

lim za pečenje

посуд

posuđe

кубак

šalica

міска

činija

палачкі для ежы

kineski štapići

чарпак

kutlača

лапатачка

lopatica

збівалка

metlica za snijeg bjelanjca

сіта для варэння

sito za kuhanje

сіта

sito

тарка

ribež

ступка

avan s tučkom

грыль

roštilj

вогнішча

ložište

дошка

daska

качалка

oklagija

штопар

vadičep

бляшанка

konzerva

адкрывалка

otvarač za konzerve

прыхваткі

krpe za lonac

ракавіна

sudoper

шчотка

četka

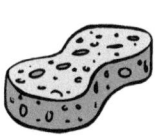

губка

spužva

міксер

mikser

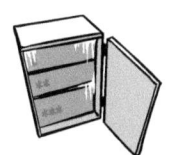

маразільная камера

zamrzivač

бутэлечка

flašica za bebu

вадаправодны кран

slavina

ванная

kupatilo

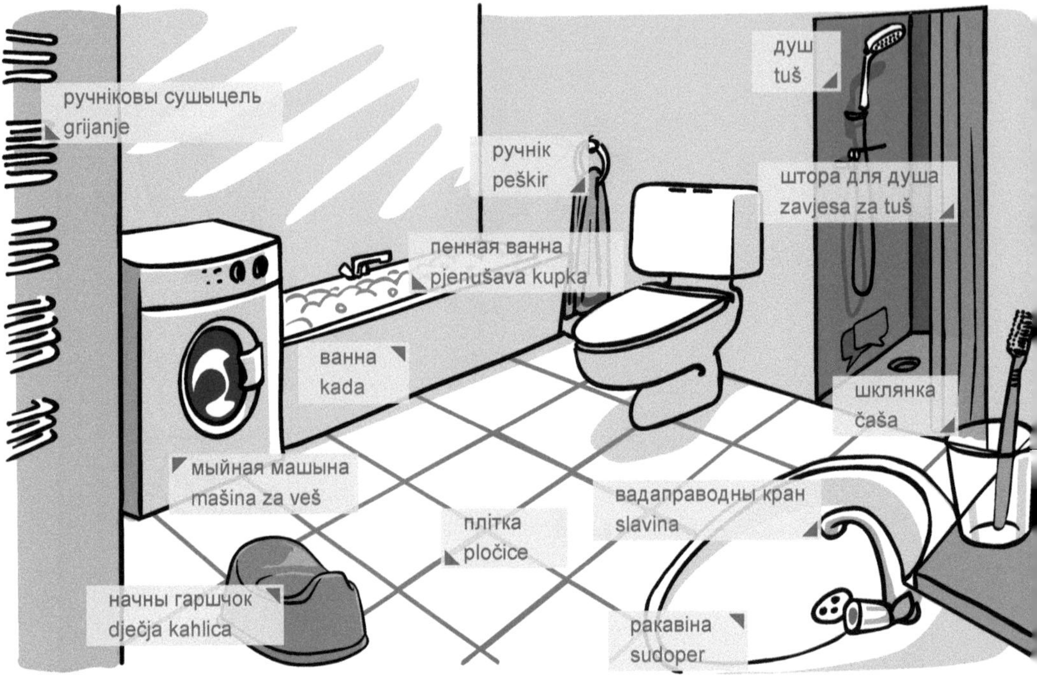

душ
tuš
ручніковы сушыцель
grijanje
ручнік
peškir
штора для душа
zavjesa za tuš
пенная ванна
pjenušava kupka
ванна
kada
шклянка
čaša
мыйная машына
mašina za veš
вадаправодны кран
slavina
плітка
pločice
начны гаршчок
dječja kahlica
ракавіна
sudoper

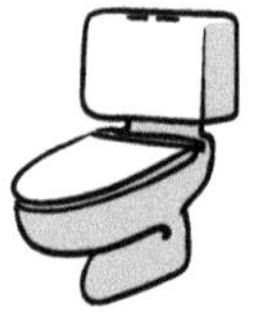

туалет

toalet

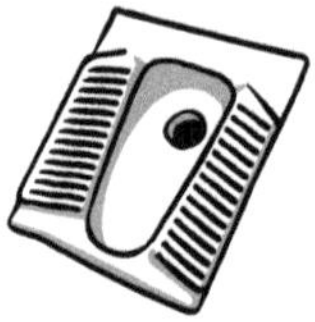

падлогавы ўнітаз

čučavac

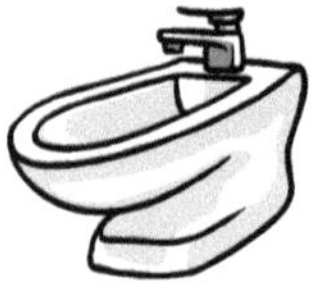

бідэ

bide

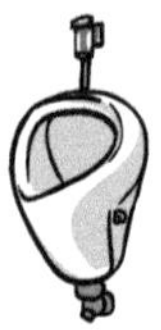

пісуар

pisoar

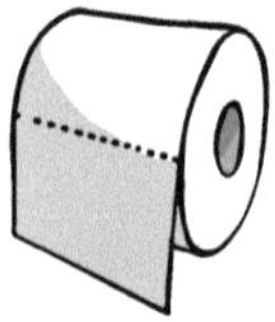

туалетная папера

toalet papir

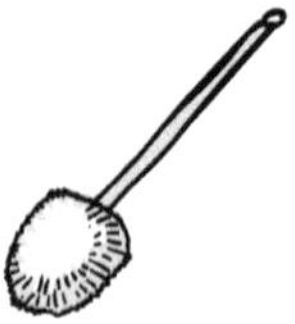

шчотка для чысткі ўнітаза

četka za wc

зубная шчотка

četkica za zube

зубная паста

pasta za zube

зубная нітка

zubni konac

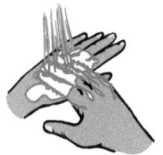

мыць

prati

ручны душ

tuš

інтымны душ

intimni tuš

умывальнік

lavor

шчотка для спіны

četka za leđa

мыла

sapun

гель для душа

gel za tuširanje

шампунь

šampon

вяхотка

krpe za pranje

вадасцёк

odvod

крэм

krema

дэзадарант

dezodorans

люстэрка

ogledalo

касметычнае люстэрка

ogledalo za šminkanje

станок для галення

brijač

пена для галення

pjena za brijanje

ласьён пасля галення

vodica poslije brijanja

грэбень

češalj

шчотка

četka

фен

fen

лак для валасоў

sprej za kosu

касметыка

puder

памада

karmin

лак для пазногцяў

lak za nokte

вата

vata

манікюрныя нажніцы

makazice za nokte

духі

parfem

касметычка

kozmetička torbica

табурэтка

hoklica

вагі

vaga

лазневы халат

kupaći ogrtač

санітарныя пальчаткі

rukavice za čišćenje

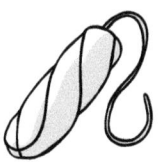

тампон

tampon

гігіенічныя пракладкі

uložak za dame

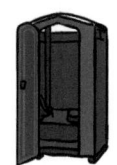

біятуалет

hemijski toalet

дзіцячы пакой
dječija soba

будзільнік
budilnik
мяккая цацка
plišana igračka
цацачная машынка
auto za igru
бразготка
zvečka
лялечны домік
kućica za lutke
падарунак
poklon

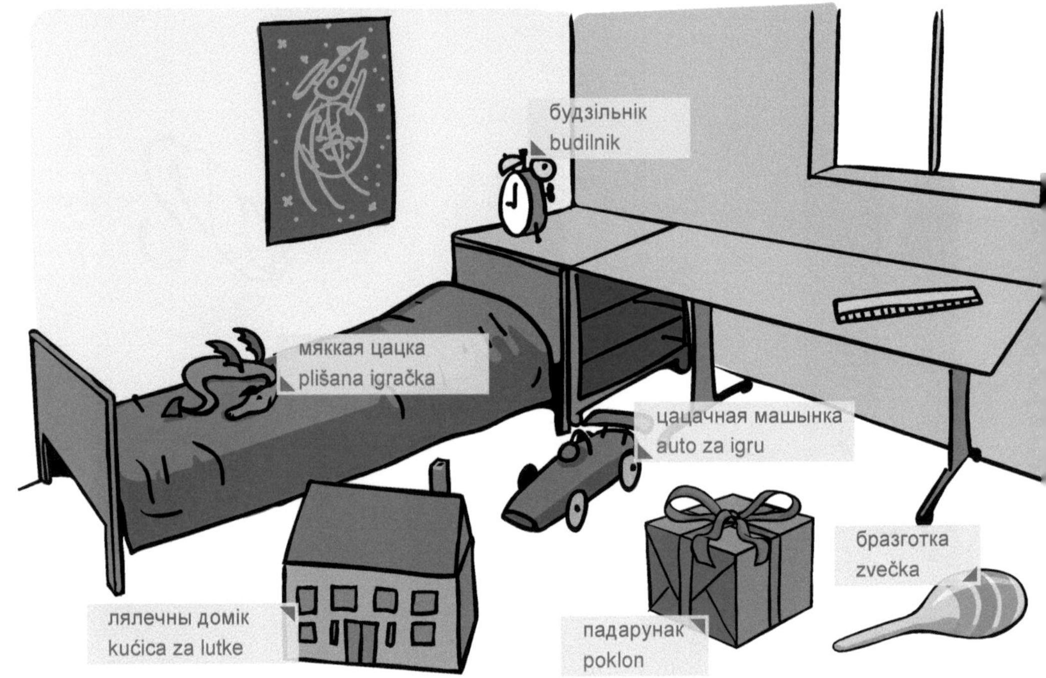

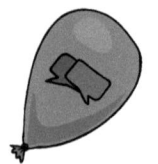

надзіманы шарык

balon

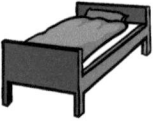

ложак

krevet

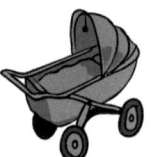

дзіцячая каляска

kolica za djecu

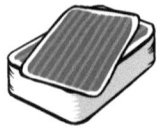

калода картаў

karte za igranje

пазл

puzle

SUPER
MEGA

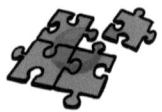

комікс

strip

канструктар "Лега"

lego kockice

канструктар

kockice za gradnju

экшэн-фігурка

akcione figure

дзіцячы гарнітур

benkica

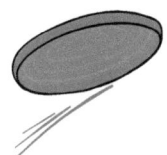

фрызбі

frizbi

дзіцячы мабіль

mobile

настольная гульня

igra na ploči

кубік

kocka

дзіцячая чыгунка

miniatura željeznice

пустышка

cucla

дзіцячае свята

zabava

кніга з малюнкамі

slikovnica

мячык

lopta

лялька

lutka

гуляцца

igrati

пясочніца

pješćanik

арэлі

ljuljačka

цацкі

igračke

гульнявая відэа прыстаўка

konzola za igru

трохколавы ровар

triciklo

плюшавы мішка

medvjedić

шафа

ormar

адзенне

odjeća

шкарпэткі

kratke čarape

панчохі

čarape

калготкі

hulahopke

шалік
šal

рамень
kaiš

парасон
kišobran

цішотка
majica kratkih rukava

боты
čizme

пантоплі
papuče

красоўкі
patike

сандалі
sandale

абутак
cipele

гумовыя боты
gumene čizme

трусы
gaće

бюстгальтар
grudnjak

майка
potkošulja

бодзі
bodi

штаны
hlače

джынсы
farmerke

спадніца
suknja

блузка
bluza

кашуля
košulja

джэмпер
džemper

талстоўка
majica

блэйзер
sako

куртка
jakna

паліто
mantil

дажджавік
kišni mantil

касцюм
kostim

сукенка
haljina

вясельная сукенка
vjenčanica

касцюм

odijelo

начная сарочка

spavaćica

піжама

pidžama

сары

sari

хустка

marama

цюрбан

turban

паранджа

burka

каптан

kaftan

Абая

abaja

купальнік

kupaći kostim

плаўкі

kupaće gaće

шорты

kratke hlače

спартыўны касцюм

trenerka

фартух

pregača

пальчаткі

rukavice

гузік

dugme

акуляры

naočare

бранзалет

narukvica

каралі

ogrlica

кальцо

prsten

завушніца

naušnica

кепка

kapa

вешалка

vješalica

капялюш

šešir

гальштук

kravata

маланка

patentni zatvarač

шлем

kaciga

падцяжкі

tregeri za hlače

школьная форма

školska uniforma

уніформа

uniforma

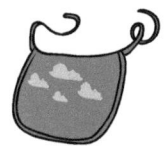

нагруднік

podbradak

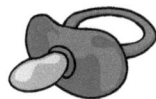

пустышка

cucla

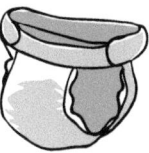

падгузнік

pelene

офіс

ured

сервер
server
канцылярская шафа
ormar za kartoteku
прынтэр
štampač
папера
papir
манітор
monitor
пісьмовы стол
pisaći sto
мыш
miš
тэчка
registrator
клавіятура
tastatura
смеццевы кошык
korpa za papir
кампутар
kompjuter
крэсла
stolica

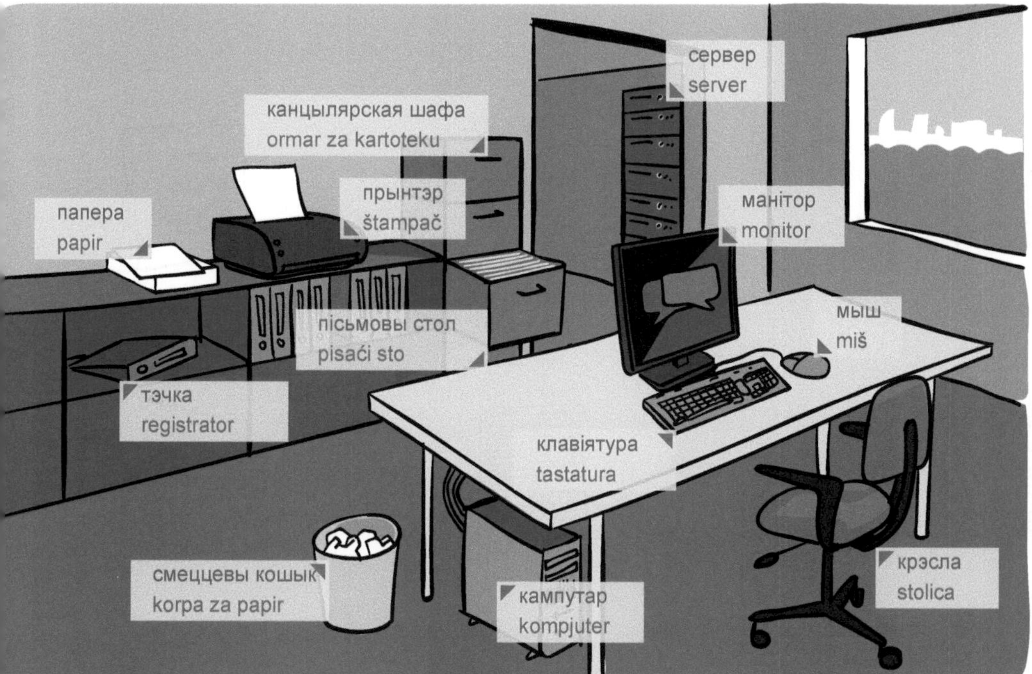

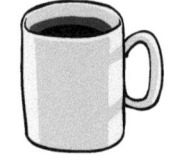

кубак для кавы (філіжанка)

šolja za kafu

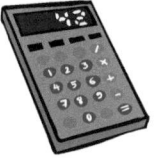

калькулятар

kalkulator

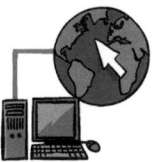

інтэрнэт

internet

ноўтбук

laptop

ліст

pismo

паведамленне

poruka

мабільны тэлефон

mobilni telefon

сетка

mreža

ксеракс

aparat za kopiranje

праграмнае забеспячэнне

softver

тэлефон

telefon

разетка

utičnica

факс

faks

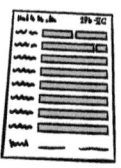

фармуляр

formular

дакумент

dokument

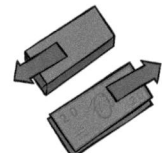

купляць
kupovati

плаціць
platiti

гандляваць
trgovati

грошы
novac

долар
dolar

еўра
euro

ена
jen

рубель
rublja

франк
franak

кітайскі юань
renminbi jen

рупія
rupi

банкамат
bankomat

абменны пункт

mjenjačnica

золата

zlato

срэбра

srebro

нафта

nafta

энергія

energija

цана

cijena

кантракт

ugovor

падатак

porez

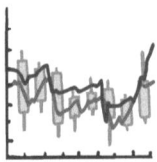

акцыя

akcija

працаваць

raditi

служачы

službenik

працадаўца

poslodavac

фабрыка

fabrika

крама

radnja

прафесіі
zanimanja

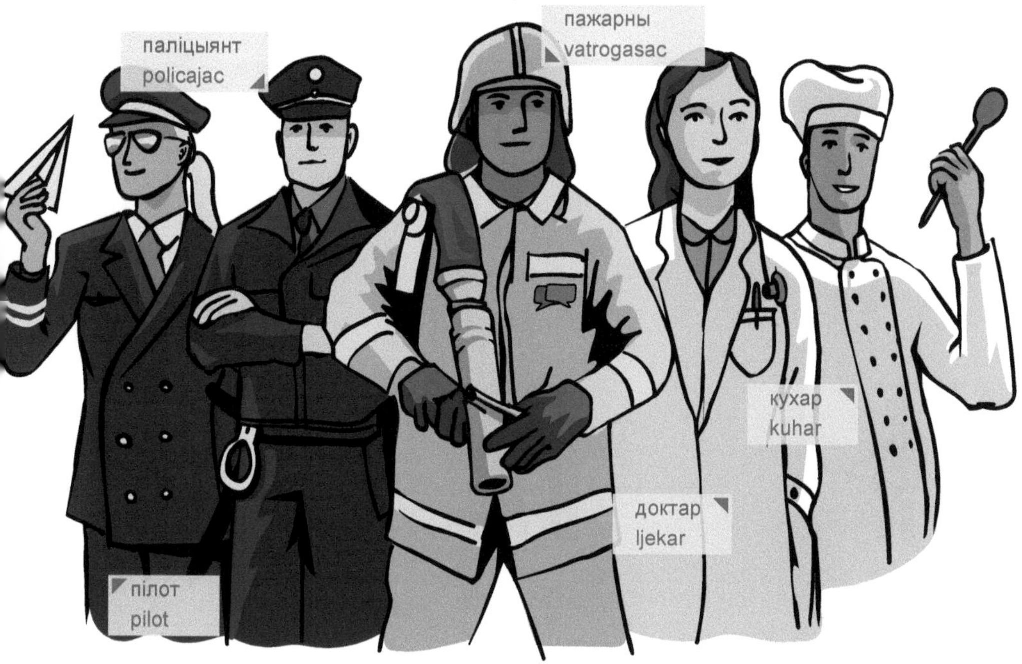
паліцыянт
policajac
пажарны
vatrogasac
кухар
kuhar
доктар
ljekar
пілот
pilot

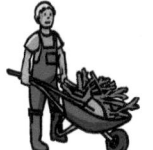

садоўнік

bаštovan

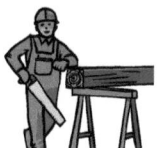

слесар

stolar

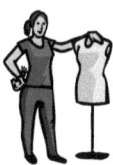

швачка

krojačica

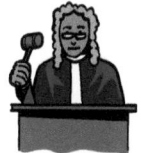

суддзя

sudija

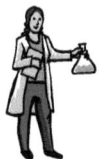

хімік

hemičar

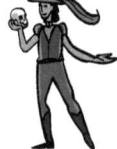

артыст

glumac

кіроўца аўтобуса

vozač autobusa

таксіст

vozač taksija

рыбак

ribar

прыбіральшчыца

čistačica

страхар

krovopokrivač

афіцыянт

konobar

паляўнічы

lovac

мастак

moler

пекар

pekar

электрык

električar

будаўнік

građevinski radnik

інжынер

inženjer

мяснік

koljač

сантэхнік

limar, vodoinstalater

паштальён

poštar

салдат

vojnik

архітэктар

arhitekta

касір

blagajnik

фларыст

cvjećar

цырульнік

frizer

кандуктар

kontrolor

механік

mehaničar

капітан

kapiten

стаматолаг

zubar

вучоны

naučnik

рабін

rabin

імам

imam

манах

monah

святар

sveštenik

інструменты

alat

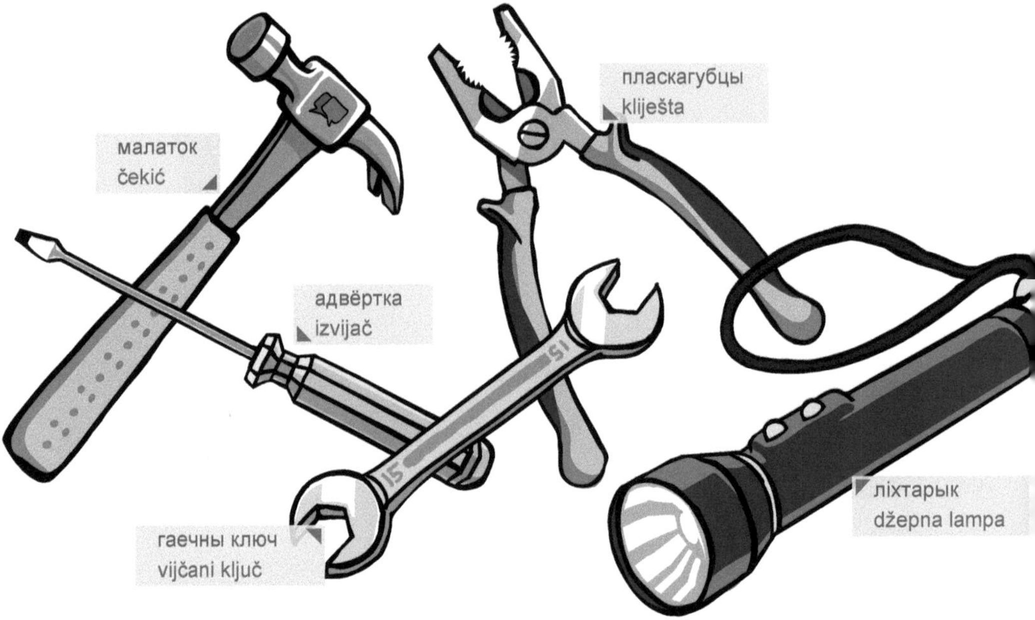
малаток
čekić
пласкагубцы
kliješta
адвёртка
izvijač
гаечны ключ
vijčani ključ
ліхтарык
džepna lampa

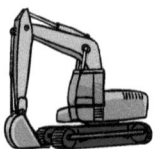

экскаватар

bager

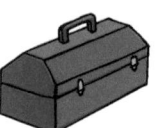

скрыня для інструментаў

kutija sa alatom

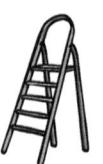

дравіны

ljestve

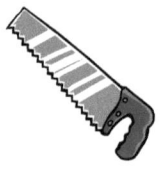

піла

testera, pila

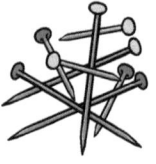

цвікі

ekser

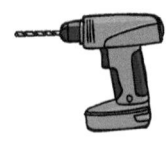

дрыль

bušilica

рамантаваць

popraviti

рыдлеўка

lopata

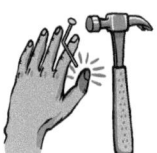

Халера!

sranje!

шуфлік для смецця

lopatica

вядро з фарбаю

kanta boje

балты

vijak

музычныя інструменты
muzički instrumenti

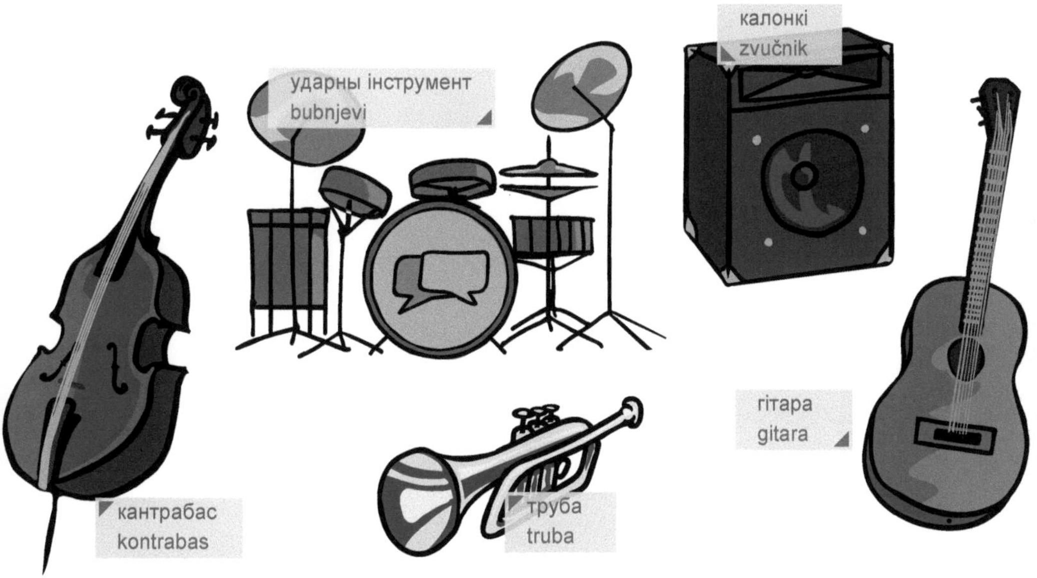

ударны інструмент
bubnjevi

калонкі
zvučnik

кантрабас
kontrabas

труба
truba

гітара
gitara

піяніна

klavir

скрыпка

violina

басгітара

bas

літаўры

bubanj timpani

барабан

bubanj

клавішны электрамузычны
інструмент

sintisajzer

саксафон

saksofon

флейта

flauta

мікрафон

mikrofon

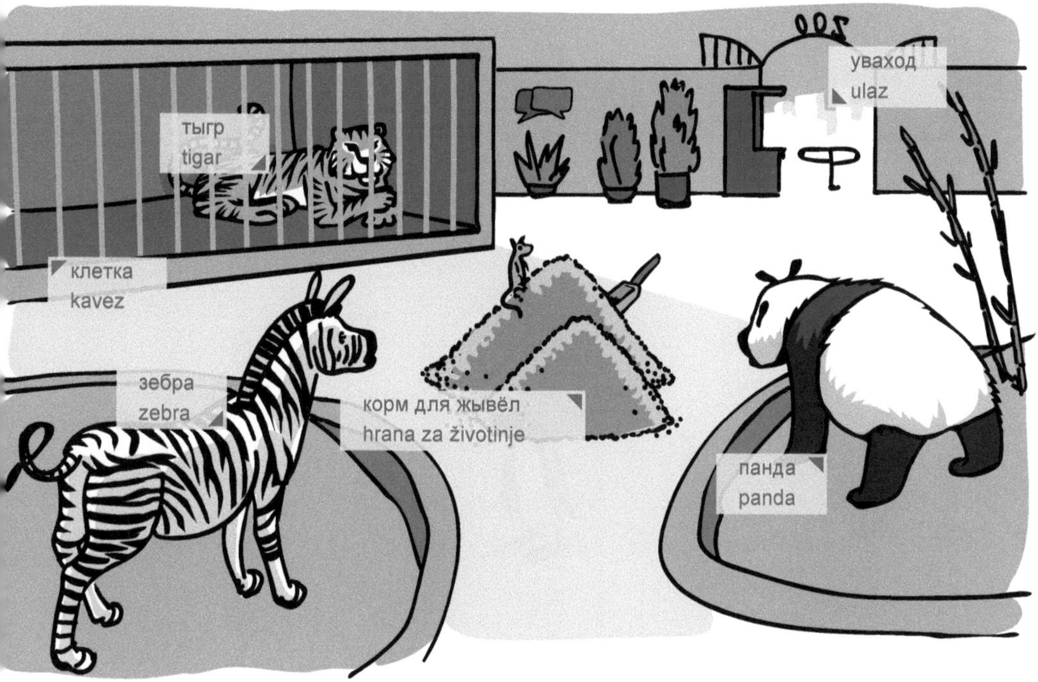

тыгр
tigar

уваход
ulaz

клетка
kavez

зебра
zebra

корм для жывёл
hrana za životinje

панда
panda

жывёлы

životinje

слон

slon

кенгуру

kengur

насарог

nosorog

гарыла

gorila

мядзведзь

medvjed

вярблюд

kamila

стравус

noj

леў

lav

малпа

majmun

фламінга

flamingo

папугай

papagaj

белы мядзведзь

polarni medvjed

пінгвін

pingvin

акула

morski pas

паўлін

paun

змяя

zmija

кракадзіл

krokodil

наглядчык заапарка

čuvar u zološkom vrtu

цюлень

tuljan

ягуар

jaguar

поні
poni

леапард
leopard

бегемот
nilski konj

жыраф
žirafa

арол
orao

дзік
divlja svinja

рыбак
riba

чарапаха
kornjača

морж
morž

ліса
lisica

газель
gazela

амерыканскі футбол
american fudbal

веласпорт
vožnja bicikla

тэніс
tenis

баскетбол
košarka

плаванне
plivanje

бокс
boks

хакей з шайбай
hokej na ledu

футбол
fudbal

бадмінтон
bedminton

лёгкая атлетыка
laka atletika

гандбол
rukomet

горныя лыжы
skijanje

пола
polo

дзейнасць
aktivnosti

смяяцца
smijati se
скакаць
skakati
абдымаць
zagrliti
ісці
ići
спяваць
pjevati
марыць
sanjati
маліцца
moliti
цалаваць
ljubiti

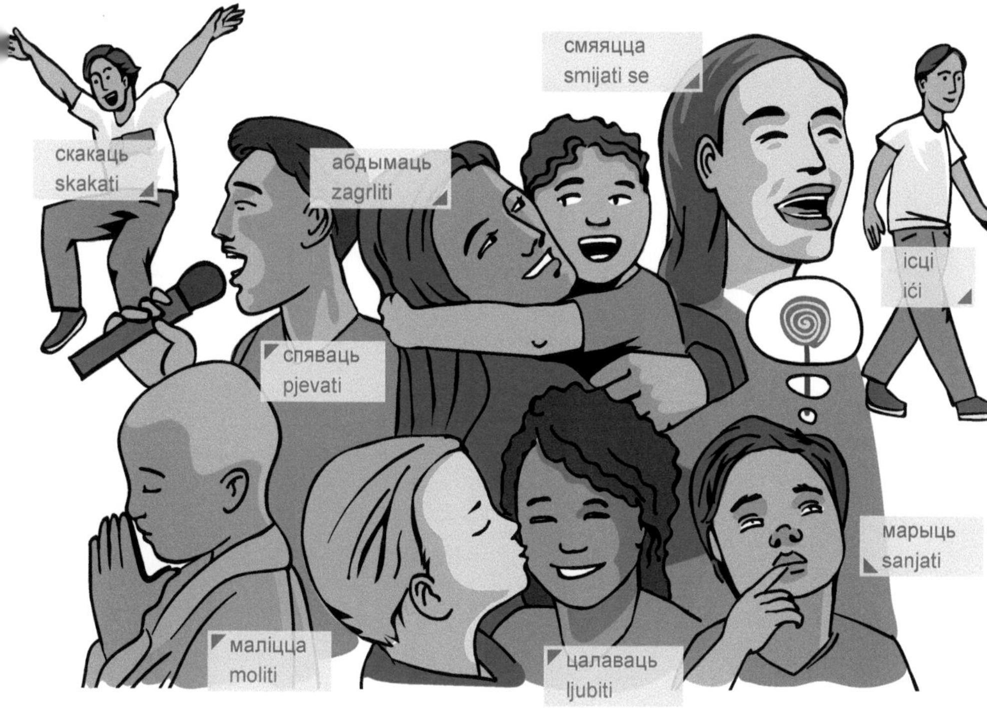

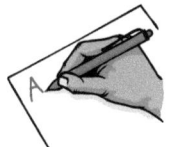

пісаць
pisati

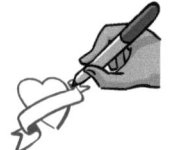

маляваць
crtati

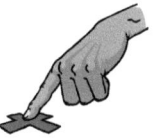

паказваць
pokazati

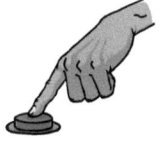

націснуць
gurati

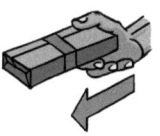

даваць
dati

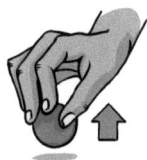

браць
uzeti

маць

imati

выконваць

raditi

быць

biti

стаяць

stajati

бегчы

trčati

цягнуць

vući

кідаць

baciti

падаць

pasti

ляжаць

ležati

чакаць

čekati

насіць

nositi

сядзець

sjediti

апранацца

obući

спаць

spavati

прачынацца

probuditi

глядзець

pogledati

плакаць

plakati

лашчыць

milovati

прычэсвацца

češljati

гаварыць

govoriti

разумець

razumjeti

пытаць

pitati

чуць

slušati

піць

piti

есці

jesti

прыбіраць

pospremiti

кахаць

voljeti

гатаваць

kuhati

ехаць

voziti

лятаць

letjeti

плаваць пад ветразем

jedriti

лічыць

računati

чытаць

čitati

вучыць

učiti

працаваць

raditi

уступаць у шлюб

vjenčavti

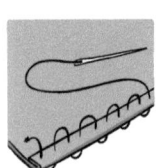

шыць

šiti

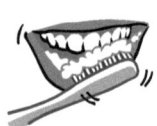

чысціць зубы

prati zube

забіваць

ubiti

курыць

pušiti

пасылаць

slati

сям'я
porodica

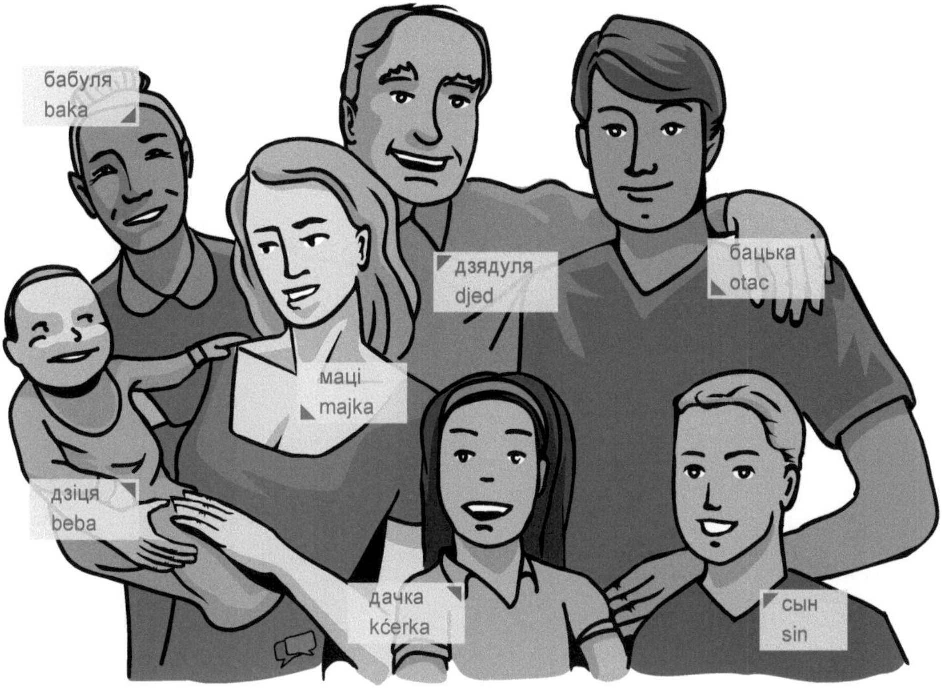
бабуля
baka
дзядуля
djed
бацька
otac
маці
majka
дзіця
beba
дачка
kćerka
сын
sin

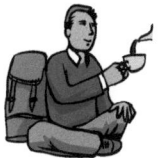

госць

gost

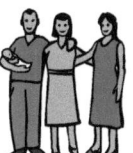

цётка

ujna, tetka, strina

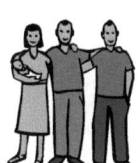

дзядзька

ujak, tetak, stric

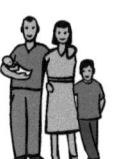

брат

brat

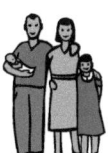

сястра

sestra

цела
tijelo

лоб
čelo
вока
oko
плячо
leđa
палец
prst
твар
lice
падбародак
brada
рука
ruka, šaka
грудзі
grudi
нага
noga
рука
ruka

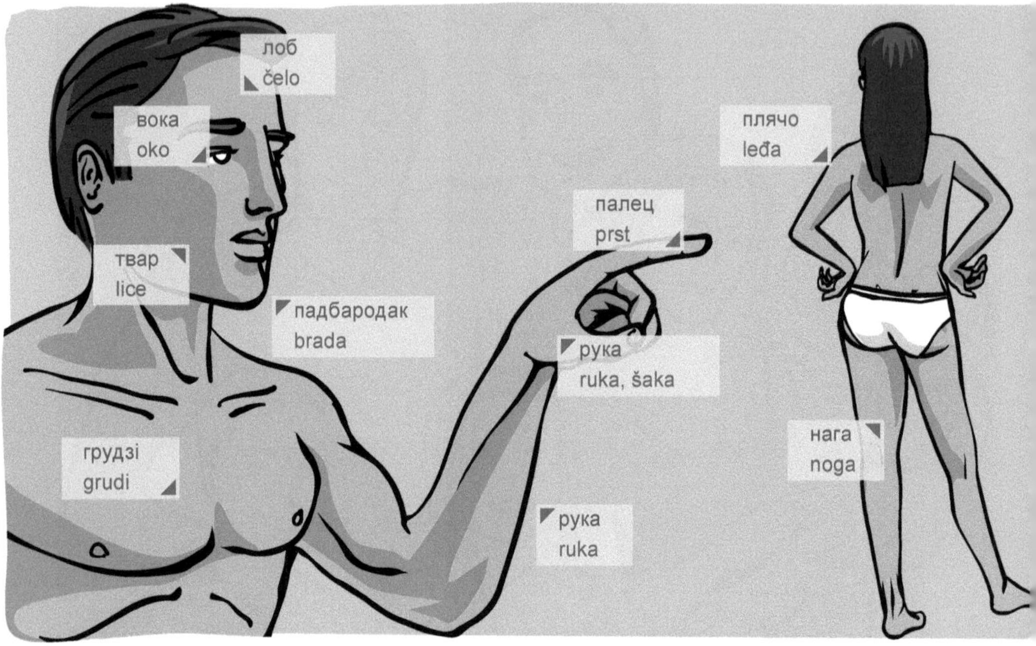

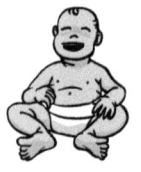

дзіця
beba

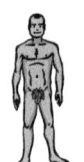

мужчына
muškarac

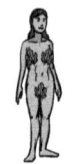

жанчына
žena

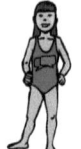

дзяўчынка
djevojčica

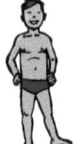

хлопчык
dječak

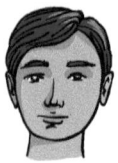

галава
glava

спіна

leđa

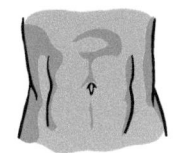

жывот

stomak

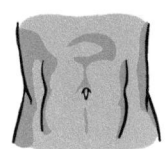

пуп

pupak

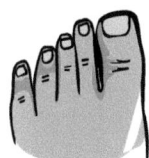

палец нагі

nožni prst

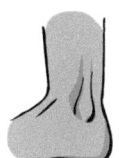

пятка

peta

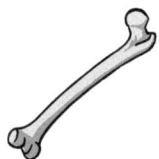

костка

kosti

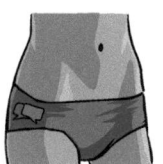

бядро

kuk

калена

koljeno

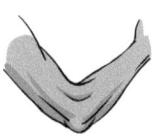

локаць

lakat

нос

nos

ягадзіца

stražnjica

скура

koža

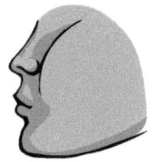

шчака

obraz

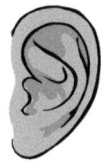

вуха

uho

губа

usna

рот

usta

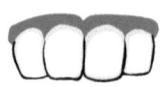

зуб

zub

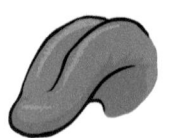

язык

jezik

галаўны мозг

mozak

сэрца

srce

мышца

mišić

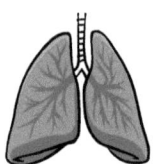

лёгкае

pluća

пячонка

jetra

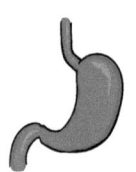

страўнік

želudac

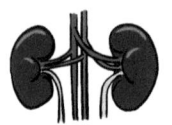

ныркі

bubreg

сэкс

spolni odnos

прэзерватыў

kondom

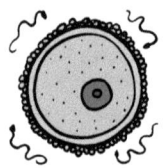

яйцаклетка

jajna ćelija

сперма

sperma

цяжарнасць

trudnoća

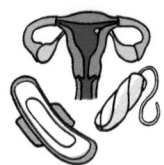

менструацыя

menstruacija

похва

vagina

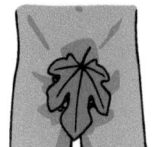

пеніс

penis

брыво

obrva

валасы

kosa

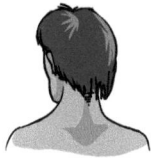

шыя

vrat

шпіталь
bolnica

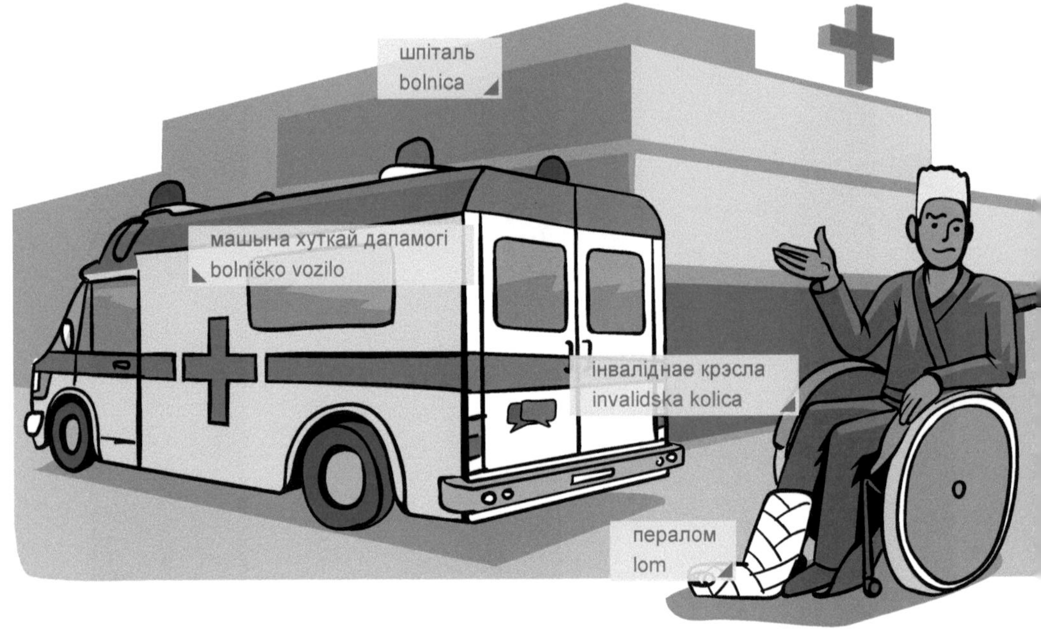

шпіталь
bolnica
машына хуткай дапамогі
bolničko vozilo
інваліднае крэсла
invalidska kolica
пералом
lom

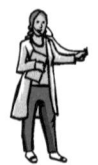

доктар
ljekar

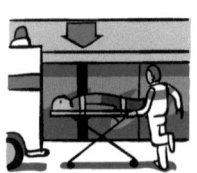

аддзяленне першай дапамогі
hitna služba

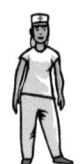

медсястра
medicinska sestra

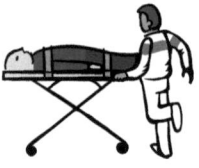

экстраная дапамога
hitna pomoć

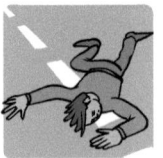

непрытомны
nesvjest

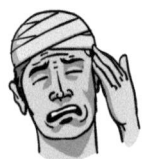

боль
bol

траўма

povreda

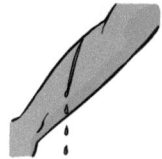

крывацёк

krvarenje

інфаркт

srčani udar, infarkt

апаплексія

moždani udar

алергія

alergija

кашаль

kašalj

гарачка

groznica

грып

gripa

панос

proljev

галаўны боль

glavobolja

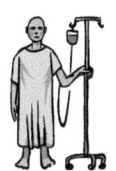

рак

rak

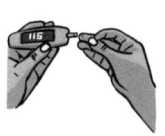

дыябет

dijabetes

xірург

hirurg

скальпель

skalpel

аперацыя

operacija

КТ

CT

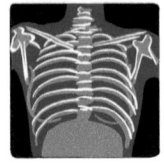

рэнтген

rendgen

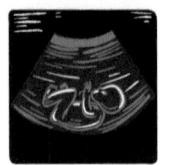

ультрагук

ultrazvuk

маска

maska

хвароба

bolest

пачакальня

čekaonica

мыліца

štake

пластыр

flaster

бінт

zavoj

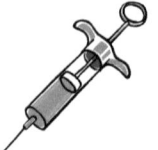

ін'екцыя

injekcija

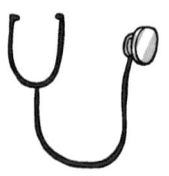

стэтаскоп

stetoskop

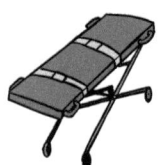

насілкі

nosilo

градуснік

termometar

нараджэнне

porod

лішняя вага

prekomjerna težina, debljina

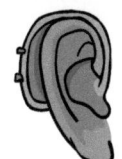

слухавы апарат

slušni aparat

дэзінфекцыйны сродак

sredstvo za dezinfekciju

інфекцыя

infekcija

вірус

virus

ВІЧ/СНІД

HIV/ AIDS

лекі

medicina

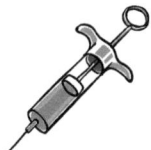

прышчэпка

vakcinacija

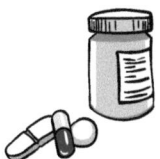

таблеткі

tablete

супрацьзачаткавая
таблетка

pilula

экстраны выклік

hitni poziv

танометр

aparat za mjerenje pritiska

хворы / здаровы

bolestan / zdrav

Ратуйце!

Upomoć!

сігналізацыя

alarm

напад

napad, prepad

атака

napad

небяспека

opasnost

аварыйны выхад

izlaz u slučaju opasnosti

Пажар!

Požar!

вогнетушыцель

vatrogasni aparat

аварыя

nezgoda

аптэчка

torba prve pomoći

СОС

SOS

паліцыя

policija

Еўропа

Europa

Паўночная Амерыка

Sjeverna Amerika

Паўднёвая Амерыка

Južna Amerika

Афрыка

Afrika

Азія

Azija

Аўстралія

Australija

Атлантычны акіян

Atlantik

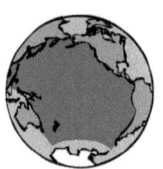

Ціхі акіян

Pacifik

Індыйскі акіян

Indijski okean

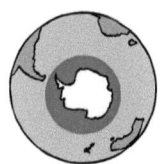

Паўднёвы ледавіты акіян

Antarktički okean

Паўночны ледавіты акіян

Arktički okean

Паўночны полюс

Sjeverni pol

Паўднёвы полюс

Južni pol

Антарктыда

Antarktik

Зямля

Zemlja

краіна

zemlja

мора

more

востраў

ostrvo

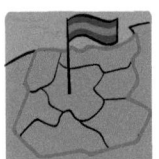

нацыя

nacija

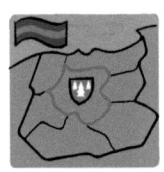

дзяржава

država

цыферблат

brojčanik sata

гадзінная стрэлка

kazaljka sata

хвілінная стрэлка

kazaljka minute

секундная стрэлка

kazaljka sekunde

Колькі часу?

Koliko je sati?

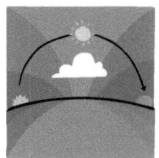

дзень

dan

час

vrijeme

зараз

sada

электронны гадзіннік

digitalni sat

хвіліна

minuta

гадзіна

sat

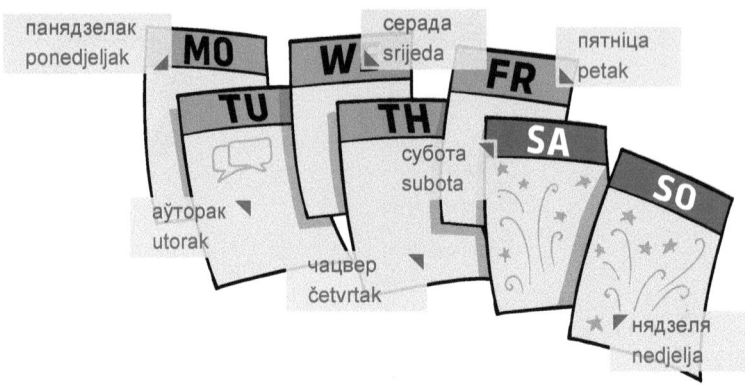

панядзелак
ponedjeljak

серада
srijeda

пятніца
petak

аўторак
utorak

субота
subota

чацвер
četvrtak

нядзеля
nedjelja

ўчора

juče

сёння

danas

заўтра

sutra

раніца

jutro

абед

podne

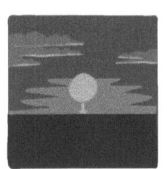

вечар

veče

MO	TU	WE	TH	FR	SA	SU
1	2	3	4	5	6	7
8	9	10	11	12	13	14
15	16	17	18	19	20	21
22	23	24	25	26	27	28
29	30	31	1	2	3	4

працоўныя дні

radni dani

MO	TU	WE	TH	FR	SA	SU
1	2	3	4	5	6	7
8	9	10	11	12	13	14
15	16	17	18	19	20	21
22	23	24	25	26	27	28
29	30	31	1	2	3	4

выхадныя

vikend

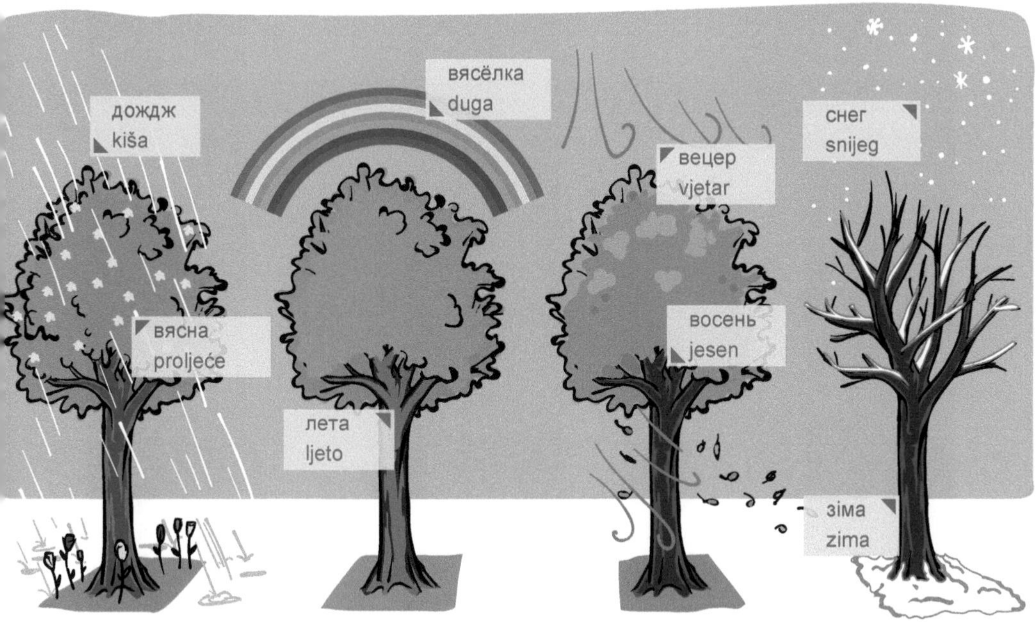
дождж
kiša
вясёлка
duga
вецер
vjetar
снег
snijeg
вясна
proljeće
лета
ljeto
восень
jesen
зіма
zima

4.APRIL 11°
5.APRIL 4°
6.APRIL 13°
7.APRIL 8°
8.APRIL 10°

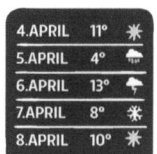

прагноз надвор'я
prognoza vremena

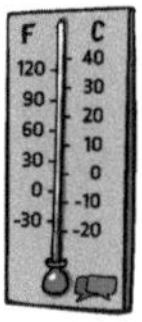

градуснік
termometar

сонечнае святло
sunčev sjaj

воблака
oblak

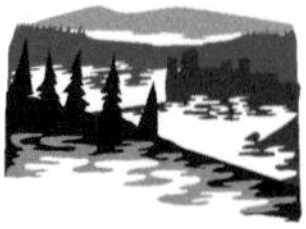

туман
magla

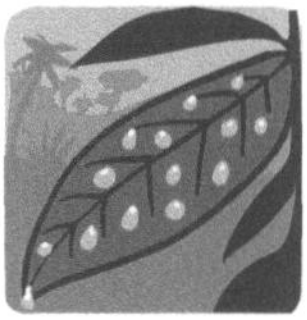

вільготнасць паветра
vlažnost vazduha

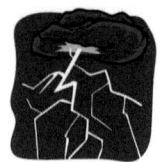

маланка

munja

гром

grom

бура

oluja

град

tuča, led

мусонны вецер

monsun

прыліў

poplava

лёд

led

студзень

januar

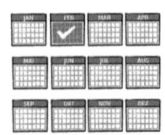

люты

februar

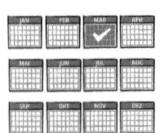

сакавік

mart

красавік

april

май

maj

чэрвень

juni

ліпень

juli

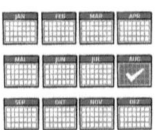

жнівень

avgust

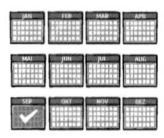

верасень

septembar

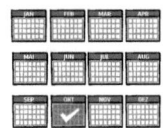

кастрычнік

oktobar

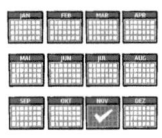

лістапад

novembar

снежань

decembar

круг

krug

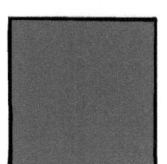

квадрат

kvadrat

прамавугольнік

pravougao

трохвугольнік

trougao

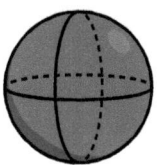

шар

kugla

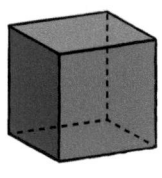

куб

kocka

белы

bjel

жоўты

žut

аранжавы

narandžast

ружовы

pink

чырвоны

crven

фіялетавы

ljubičast

сіні

plav

зялёны

zelen

карычневы

smeđ

шэры

siv

чорны

crn

шмат / мала

malo / mnogo

злы / добры

ljutit / miran

прыгожы / брыдкі

lijep / ružan

пачатак / канец

početak / kraj

высокі / малы

veliki / mali

светлы / цёмны

svijetlo / tamno

сястра / брат

brat / sestra

чысты / брудны

čist / prljav

поўны / няпоўны

potpun / nepotpun

дзень / ноч

dan / noć

мёртвы / жывы

mrtav / živ

шырокі / вузкі

široko / usko

ядомы / неядомы

ukusno / neukusno

злы / добры

zao / prijatan

узбуджаны / нудны

uzbuđen / dosadan

тоўсты / тонкі

debeo / mršav

першы / апошні

najprije / najkasnije

сябар / вораг

prijatelj / neprijatelj

поўны / пусты

pun / prazan

цвёрды / мяккі

trvd / mekan

важкі / лёгкі

težak / lagan

голад / смага

glad / žeđ

хворы / здаровы

bolestan / zdrav

нелегальны / легальны

ilegalan / legalan

разумны / дурны

inteligentan / glup

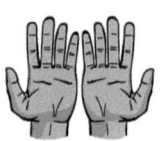

левы / правы

lijevo / desno

побач / далёка

blizu / daleko

новы / былы ва ўжыванні

nov / polovan

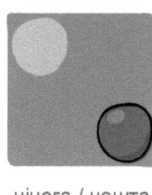

нічога / нешта

ništa / nešto

стары / малады

star / mlad

укл / выкл

uključeno / isključeno

адчынены / зачынены

otvoreno / zatvoreno

ціхі / гучны

tiho / glasno

багаты / бедны

bogat / siromašan

правільна / няправільна

tačno / pogrešno

шурпаты / гладкі

hrapav / glatak

сумны / шчаслівы

tužan / srećan

кароткі / доўгі

kratak / dug

павольны / хуткі

spor / brz

вільготны / сухі

mokro / suho

цёплы / халаднаваты

toplo / hladno

вайна / мір

rat / mir

0

нуль

nula

1

адзін

jedan

2

два

dva

3

тры

tri

4

чатыры

četiri

5

пяць

pet

6

шэсць

šest

7

сем

sedam

8

восем

osam

9

дзевяць

devet

10

дзесяць

deset

11

адзінаццаць

jedanaest

12
дванаццаць

dvanaest

13
трынаццаць

trinaest

14
чатырнаццаць

četrnaest

15
пятнаццаць

petnaest

16
шаснаццаць

šesnaest

17
сямнаццаць

sedamnaest

18
васямнаццаць

osamnaest

19
дзевятнаццаць

devetnaest

20
дваццаць

dvadeset

100
сто

sto

1.000
тысяча

hiljada

1.000.000
мільён

milion

английская

engleski

английская (Амерыка)

američki engleski

кітайская мандарынская

kinesko mandarinski

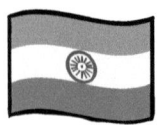

хіндзі

hindi

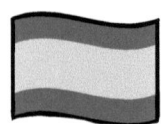

іспанская

španski

французская

francuski

арабская

arapski

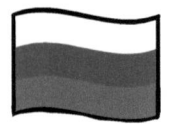

руская

ruski

партугальская

portugalski

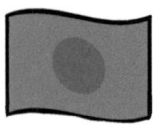

бенгальская

bengalski

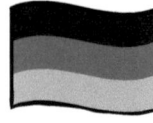

нямецкая

njemački

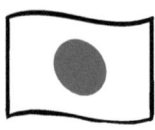

японская

japanski

я

ja

ты

ti

ён / яна / яно

on / ona / ono

мы

mi

вы

vi

яны

oni

хто?

ko?

што?

šta?

як?

kako?

дзе?

gdje?

калі?

kada?

імя

ime

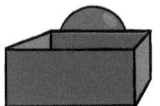

за
....
iza

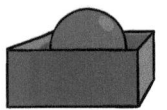

у
....
u

перад
....
pred

над
....
iznad

на
....
na

пад
....
ispod

каля
....
pored

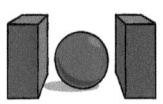

паміж
....
između

месца
....
mjesto